EMG3-0229
合唱楽譜<J-POP>

J-POP
CHORUS PIECE

合唱で歌いたい！J-POPコーラスピース

混声3部合唱

春愁
(Mrs. GREEN APPLE)

作詞・作曲・編曲：大森元貴　合唱編曲：黒田賢一

●●● 曲目解説 ●●●

ロックバンド、Mrs. GREEN APPLEが2018年2月にリリースした6枚目のシングル「Love me, Love you」に収録されたカップリング曲。この曲は、ギターボーカルの大森元貴が高校3年生の卒業式の次の日に作った楽曲。夢を追いかけるためにひたむきに努力した時間、友だちと過ごした愛おしい思い出や青春が詰め込まれています。この合唱楽譜は、動画が公開されている、早稲田実業学校音楽部合唱班による『春愁』(合唱ver.)の公式合唱アレンジ。寂しさ、切なさ、未来への希望などいろいろな思いが感じられる歌詞ひとつひとつを、大切に歌いたい一曲です。

春愁

作詞・作曲・編曲：大森元貴　合唱編曲：黒田賢一

春愁 (Mrs. GREEN APPLE)

作詞：大森元貴

「早いものね」と心が囁いた
言われてみれば「うん、早かった。」
また昨日と同じ今日を過ごした
そんなことばっか繰り返してた

「憧れ」「理想」と　たまに喧嘩をした
どうしても仲良くなれなかった
青さのカケラが行き交うが
やっぱり摘み取ることは出来なかった

大嫌いだ
人が大嫌いだ
友達も大嫌いだ
本当は大好きだ

明日が晴れるなら　それでいいや
明日が来るのなら　それでいいや
あなたが笑うなら　なんでもいいや
世界は変わりゆくけど　それだけでいいや

「ありがたいね」と心が囁いた
言われずとも　ちゃんと解っていた
また昨日と同じ今日を過ごした
そんなことばっかり思ってた

「涙」や「笑い」も少なかったりした
実はそんなこともなかった
春が息吹く　桜の花も舞いはせず
ただ陽に照らされていた

大嫌いだ
今日が大嫌いだ
昨日も大嫌いだ
明日が大好きだ

いつか　いつか　見つけてくれるのなら
いつか　いつか　大切に思えるなら
あなたが生きてさえいれば　なんでもいいや
わたしが生きてるなら　それでいいや
それがいいや

大嫌いだ
人が大嫌いだ
友達も大嫌いだ
本当は大好きだ

エレヴァートミュージックエンターテイメントはウィンズスコアが
展開する「合唱楽譜・器楽系楽譜」を中心とした専門レーベルです。

ご注文について

エレヴァートミュージックエンターテイメントの商品は全国の楽器店、ならびに書店にてお求めになれますが、店頭でのご購入が困難な場合、当社WEBサイト・電話からのご注文で、直接ご購入が可能です。

◎当社WEBサイトでのご注文方法

elevato-music.com

上記のURLへアクセスし、オンラインショップにてご注文ください。

◎お電話でのご注文方法

TEL.0120-713-771

営業時間内に電話いただければ、電話にてご注文を承ります。

※この出版物の全部または一部を権利者に無断で複製(コピー)することは、著作権の侵害にあたり、
　著作権法により罰せられます。

※造本には十分注意しておりますが、万一、落丁・乱丁などの不良品がありましたらお取り替えいたします。
　また、ご意見・ご感想もホームページより受け付けておりますので、お気軽にお問い合わせください。